왜 투표 해요?

미래아이 저학년문고 26 왜 투표 안 해요?

1판 1쇄 발행 2020년 4월 20일

글쓴이 라우리스 군다스 | 그린이 아네테 멜레세 | 옮긴이 양진희
펴낸이 김민지 | 펴낸곳 미래M&B | 등록 1993년 1월 8일(제10-772호)
주소 04030 서울시 마포구 동교로 134(서교동 464-41) 미진빌딩 2층
전화 (02) 562-1800(대표) | 팩스 (02) 562-1885(대표) | 전자우편 mirae@miraemnb.com
홈페이지 www.miraei.com | 블로그 blog.naver.com/miraeibooks
ISBN 978-89-8394-883-0(77890) 978-89-8394-882-3(세트)

이 도서의 국립중앙도서관 출판예정도서목록(CIP)은 서지정보유통지원시스템 홈페이지(http://seoji.nl.go.kr)와
국가자료종합목록 구축시스템(http://kolis-net.nl.go.kr)에서 이용하실 수 있습니다. (CIP제어번호 : CIP2020011753)

＊잘못 만들어진 책은 구입처에서 바꾸어 드립니다.

아이의 미래를 여는 힘, **미래*i*아이**는 미래M&B가 만든 유아·아동 도서 브랜드입니다.

VAĻA BALSS

Text ⓒ Lauris Gundars
Illustrations ⓒ Anete Melece

Originally published in 2018 under the title "VAĻA BALSS" by Liels un mazs, Riga, Latvia.

Korean translation rights arranged with Liels un mazs through Mr. Ivan Fedechko, IFAgency, Lviv, Ukraine and EntersKorea Co., Ltd., Seoul, Korea.

이 책은 (주)엔터스코리아를 통한 저작권자와의 독점 계약으로 미래M&B에서 출간되었습니다.
저작권법에 의해 한국 내에서 보호를 받는 저작물이므로 무단 전재와 복제를 금합니다.

 This book was published with the support of the Latvian Literature platform together with the Ministry of Culture of the Republic of Latvia.
이 책은 라트비아 공화국 문화부와 라트비아 문학 플랫폼의 지원을 받아 출판되었습니다.

왜 투표 안 해요?

라우리스 군다스 글 | 아네테 멜레세 그림 | 양진희 옮김

미래i아이

토요일 이른 저녁이었어요. 붕붕이는 현관 문을 안에서 잠그고는 열쇠를 창문 밖으로 던져 버렸어요. 마당에 있는 모래 놀이터 속으로 정확하게. 붕붕이는 5층에 살고 있으니까 겨냥을 잘한 셈이에요. 열쇠는 반짝하더니, 노란 모래밭 속으로 스르륵 사라져 버렸어요.

그것은 두 번째 문인 중문의 열쇠였어요. 첫 번째 문, 그러니까 대문만 잠가도 충분히 안전했기 때문에 그동안 아무도 사용한 적이 없었어요. 일단 중문을 잠그면 대문을 다섯 번을 열었다 잠가도, 중문은 굳게 닫혀 있어요. 영화에 나오는 것처럼 아무리 어깨로 힘껏 부딪쳐도 열 수 없을 만큼 아주 탄탄했어요. 붕붕이는 그걸 잘 알면서도 열쇠를 창밖으로 던져 버렸어요. 그래야만 하는 중요한 이유가 있었기 때문이에요. 그게 아니라면 이렇게 겁나는 일을 절대 할 수 없었을 거예요.

오래전부터 가족들은 집에서 로티를 붕붕이라고 불렀어요. 꿀벌처럼 붕붕거리며 돌아다닌다고 붙인 별명이에요. 붕붕이는 한번 하겠다고 마음먹은 일은 부지런한 꿀벌처럼 반드시 해내요.

그날 붕붕이는 마음속에 큰 계획이 있었는데 그걸 행동으로 옮겼어요. 아파트 안마당에 있는 모래 놀이터로 열쇠를 던져 버리는 바람에 중문은 잠겼고, 이제 아무도 집 밖으로 나갈 수 없어요. 엄마도, 아빠도, 흰긴수염고래를 떠올리게 하는 굵은 콧수염 때문에 별명이 '고래'인 붕붕이의 할아버지도요. 붕붕이 자신도 나갈 수 없어요. 꿀벌처럼 날개가

달린 것도 아니어서 5층에서 날아 내려갈 수 없으니까요. 계획이 실행되었어요.

지금으로선 이 계획을 알고 있는 사람은 붕붕이 한 사람뿐이라서, 다음은 이 계획에 대한 해결책이 아무것도 없는 척해야 해요. 비밀 계획이기 때문이에요.

"내일 우리 뭐 해요?"

붕붕이는 주방에서 가족과 저녁을 먹으면서 과자를 세 개째 입에 밀어 넣었어요.

"응."

아빠가 대답했어요.

"'응'이라니, 무슨 말이에요?"

아빠는 혼자 골똘히 생각하느라 엉뚱한 소리를 하곤 했는데, 언제부턴가 엄마는 그런 모습을 봐도 전혀 웃지 않았어요.

"아빠! '응'이 무슨 말이에요?"

"'응'이 무슨 말이냐는 게 무슨 말이야?"

아빠는 생각에 빠져 있다가 퍼뜩 정신을 차렸어요. 엄마가 늘 얘기하지만, 아빠는 곧잘 딴생각에 빠져 헤매고 있다는 걸 알지 못해요.

"내일 우리 뭐 할 거냐고 내가 물었더니 아빠가 대답했잖아요, '응'이라고. 아빠는 뭘 물어봐도 응!"

붕붕이는 이게 재미있었어요.

"내가 왜 '응'이라고 말했지?"

"아빠는 아직 일 생각을 하고 있으니까요."

엄마는 '집은 집이고, 일은 일'이라며 속상해했어요. 심지어 아빠가 하는 일이 중요한 일이어도 그랬어요. 붕붕이의 아빠는 시내에서 가장 큰 대형 할인점의 경비 대장인데, 매일 시내에서 크게 말썽을 일으키는 사람들을 잡아요. 그 순간, 식탁 맞은편 자리에 앉아 있던 붕붕이는 뭔가를 훔치거나 나쁜 계획을 세운 것도 아닌데, 자신이 정말로 나쁜 아이가 된 것 같았어요. 아주 훌륭한 계획을 세운 나쁜 아이.

"나한테 뭘 물었지?"

아빠가 난처해했어요.

"미안, 붕붕이 로티."

"내일 우리 뭐 할 거예요?"

"일요일, 일요일이구나!"

아빠는 내일이 일요일이라는 걸 알아차리자마자 아주 좋아했어요.

"드디어 붕붕이가 아빠한테 롤러스케이트 타는 법을 가르쳐 주겠네."

우유를 마시느라 엄마는 멋진 흰 수염이 생겼어요.

"회전목마를 타러 갈 수도 있지."

아빠는 엄마가 한 말을 못 들은 척했어요.

"거기 방 탈출 카페도 있잖아. 거기 가고 싶다고 했지? 그렇지?"

"좋아요, 회전목마랑 방 탈출 카페 가요. 하지만 롤러스케이트 타고 나서 가야 해요."

붕붕이가 말하자, 아빠는 군말 없이 동의했어요. 아빠는 정말로 롤러스케이트를 타고 싶어 했지만 아직 한 번도 타 본 적이 없어요. 지난 두 달 동안, 아빠는 롤러스케이트를 타다가 넘어져서 웃음거리가 될까 봐 걱정했지만 아닌 척했어요.

"아버지, 비즈마 씨 만나러 갈 거예요?"

엄마가 할아버지에게 물었어요. 그렇지만 할아버지가 칼로 홍차를 휘젓고 있는 것을 보고는 입을 다물었어요. 할아버지의 마음은 딴 데 가 있었어요. 일 생각을 하고 있는 것도 아니었어요. 왜냐하면 할아버지의 일은 붕붕이와 함께 집에 가만히 있는 것이기 때문이에요.

"차를 칼로 휘젓는 게 설탕을 골고루 섞이게 한다는 걸 영국 과학자들이 알아냈대요."

좀 엉뚱하긴 하지만, 붕붕이는 할아버지의 이상한 행동을 덮어 주려고 애썼어요.

비즈마 씨는 붕붕이의 친구인 시그네의 할머니인데, 할아버지는 거의 반 년 전부터 인사를 하고 지냈어요. 이제 두 사람은 손녀딸들의 방학을 함께 보내요. 할아버지가 얼굴을 붉히며 항상 이야기하는 대로 자주 시내에 나가 데이트를 하고 있어요.

"아니, 뭐든지 좋아."

숟가락을 집으려고 손을 내밀다가 할아버지는 큰 컵에 들어 있던 홍차를 거의 다 무릎에 엎질렀어요.

"그래, 비즈마랑 시내 쪽에 갈 거야."

할아버지는 비즈마라는 이름을 말할 때면 언제나 미소를 지었는데, 오늘 저녁은 아니었어요. 마음이 딴 데 가 있었기 때문이에요. 붕붕이는 할아버지의 마음이 어디에 가 있는지 알았어요. 오래 함께 지냈기 때문에 붕붕이는 할아버지가 무슨 생각을 하는지, 어떤 걱정이 있는지, 그리고 무엇을 싫어하는지 모두 다 알지요. 그 순간 할아버지는 붕붕이가 꾸

민 계획을 골똘히 생각하고 있었어요. 하지만 악당은 꼭 해야 될 때가 아니면 무엇인가 알고 있다는 것을 드러내지 않는 법이지요.

"그런데 그게 다예요? 회전목마랑 방 탈출 카페만 간다고요?"

붕붕이는 과자를 여섯 개째 먹고 있었어요. 사실 먹고 싶지 않았는데, 이것도 계획의 일부였어요. 아무 일도 없는 척, 누군가가 중문을 잠그고 마당에 있는 모래 놀이터로 열쇠를 던져 버렸다는 것을 상상도 못 하는 척하고 있었어요.

"우리 모두가 내일 할 일은 그게 다예요?"

"더 하고 싶은 거라도 있어? 오늘 영화 보러 갔었으니까, 내일은 밖에서 신선한 공기를 마셔야지. 네가 원하면, 마라톤을 뛸 수도 있고."

엄마가 아무 말이나 하는 건 아니었어요. 실제로 붕붕이는 264일 뒤에 있을 첫 단거리 달리기 연습을 하고 있었거든요.

"그럼 열 시까지 자는 거예요. 알았죠, 아빠?"

아빠는 늦잠 자는 것을 좋아하지 않지만, 그러자고 했어요. 더 신경 쓰이는 일이 있었기 때문이에요.

"롤러스케이트가 너무 꽉 끼진 않는지 신어 봐야겠어."

아빠가 말했어요. 하지만 거짓말에 소질이 없어서, 아빠의 속마음이 바로 들통 났어요. 부엌에 있던 식구들은 다 큰 어른이 무엇인가를 하고 싶지 않다고 돌려서 말하는 걸 못 들은 척했어요.

"그럼 됐죠? 정말 다인 거지요? 잊은 거 없죠?"

붕붕이는 과자를 너무 많이 먹어서 배가 정말로 아픈 것 같았어요.

"우리가 뭐 잊은 게 있나?"

아빠는 그제야 붕붕이가 아무런 이유 없이 질문하지 않는다는 것을, 그것도 같은 질문을 계속해서 하지 않는다는 것을 깨달았어요.

"그게 뭐지? 금요일엔 슈퍼마켓에 갔고, 치과는 토요일에 휴무고…."

"미용실에도 갔었지, 목요일에 예약해 놓고."

누군가가 자신의 기억력을 의심이라도 하기 시작한 것처럼, 엄마도 뭔가 불안해하기 시작했어요. 수학 선생님답게 엄마는 기억력이 매우 좋았어요.

"아버님, 저보다 기억력이 더 좋으시잖아요."

아빠는 어떤 일을 얼버무리거나 농담을 해서 자기를 웃음거리로 만드는 재주가 있었어요.

"할아버지는 비즈마 할머니랑 데이트를 할 거라고요!"

붕붕이는 농담할 기분이 아니었어요. 붕붕이는 매우 중요한 일이 있으면 이렇게 정색을 했어요.

붕붕이의 계획에서 피할 수 없는 세 번째 단계에 접어들었어요. 붕붕이는 이제 기분 나쁜 것처럼 행동해야 했어요. 만일 엄마, 아빠가 잊지 않았다면, 붕붕이는 기분이 훨씬 좋았을 거예요. 하지만 엄마, 아빠는 뭔가를 잊어버린 게 분명했어요.

"엄마, 아빠는 뭔가 중요한 걸 잊었어요. 그건 미용실도 아니고, 슈퍼마켓도 아니고, 햄스터나 햄스터 우리는 더더욱 아니에요. 그리고 나는 더 이상 햄스터를 갖고 싶지 않다고요!"

붕붕이는 이미 저녁 식탁을 깨끗하게 치우고 있었어요. 아빠가 아직 마시고 있는 찻잔까지도 치워 버렸어요.

"그럼 우리한테 말해 주렴. 우리 붕붕이 로티!"

아빠가 다정한 말로 붕붕이의 기분을 바꾸는 데 성공하는

때도 있었지만 이번엔 아니에요.

"할아버지, 양복 주머니에 뭐 넣어 놨어요?"

붕붕이가 묻고는 할아버지가 말할 틈도 주지 않고 곧바로 대답했어요.

"신분증이지요? 그렇죠?"

"아버지?"

엄마 얼굴이 벌겋게 달아올랐어요.

"아버지랑 비즈마 씨가…? 아버지, 정말이에요?"

그래요, 정말이었어요. 두 사람이 혼인 신고를 하려면, 신분증이 필요했어요. 엄마가 생각한 대로였어요. 붕붕이도 사실은 할아버지와 비즈마 할머니가 이제 데이트는 그만하고 결혼해야 한다고 생각했어요. 그래서 붕붕이는 할머니를, 그리고 시그네는 할아버지를 새로 맞이해야 한다고 생각했지만, 지금 엄마가 그걸 생각해 내길 바랐던 건 아니었어요. 오늘 저녁, 그건 그렇게 중요하지 않아요.

"사람들이 이번 일요일에도 결혼을 하나요?"

붕붕이는 어리둥절한 표정을 짓는 엄마의 눈을 뚫어져라 바라보았어요.

솔직히 이 순간, 붕붕이는 자신의 계획을 행복한 마음으로 포기해야만 하나 생각했어요. 물론 가족을 위한 거지만 이런 수고를 하는 건 정말로 힘들어요. 그러나 할아버지가 아무 말도 하지 않는 것이 붕붕이에게는 기회를 붙잡아야만 한다고 속삭이는 것 같았어요. 붕붕이는 할아버지가 생각하는 방식을 좋아했어요. 그렇지만 할아버지는 자기 생각을 감추곤 했어요. 붕붕이는 그게 옳지 않다고 여겼어요. 바보 같은 생각이라면 부끄럽겠지만, 똑똑하고 좋은 생각들은 감추면 안 된다고 생각했어요. 그래서 붕붕이가 할아버지 대신 말했어요.

"오늘이 토요일 밤이니까, 내일은 일요일 아침이 될 거고 이번 일요일은…."

"아하하!"

아빠가 갑자기 소리 내어 웃으며 자랑스럽게 외쳤어요.

"선거다, 선거! 국회의원 선거가 내일이야!"

휴! 이제야 알아차렸네요.

오래전부터 듣고 싶었던 말을 마침내 누군가가 말해서 아주 기뻐야 했지만, 붕붕이는 선거에 대한 아빠의 진지하지 못한 태도 때문에 기분이 좋지 않았어요. 아빠의 웃음이 하

찮은 일을 비웃는 것 같았거든요.

"아하하! 낡아 빠진 슬리퍼가 저기 있네!"

붕붕이는 아빠의 말투를 흉내 내며, 똑같이 비웃듯이 대꾸했어요.

"낡아 빠진 슬리퍼가 선거랑 무슨 관계가 있는데?"

아빠가 어리둥절해했어요.

"슬리퍼가 중요한 게 아니라고요."

붕붕이는 차분하게 설명했어요.

"자, 그만해, 그만…!"

엄마가 붕붕이를 안아 주려고 했지만, 붕붕이가 의자로 펄쩍 뛰어오르는 바람에 키가 우뚝 커져서, 어른들의 코와 거의 비슷한 높이가 되었어요.

"걱정 마, 롤러스케이트 신고 달려가서 투표할 거야."

아빠는 점점 더 말도 안 되는 소리를 했어요.

"투표한다고!"

"롤러스케이트 때문에 아빠 발목에 물집이 잡히지는 않을까 모르겠네요!"

"로티! 붕붕아….."

붕붕이는 비꼬는 듯 쏘아붙였는데, 엄마가 화났을 때 말투 같았어요.

"투표는 내일 계획에 없었죠, 사실은?"

"이것 봐, 할아버지의 주머니에 신분증이 있어."

엄마는 붕붕이가 무엇 때문에 화가 났는지 이해하지 못한 것 같았어요.

"나도 내일 아침에 제일 먼저 신분증을 챙길 거야. 네가 나한테 중요한 걸 알려 주었어. 신분증이 없으면 들여보내 주지 않아. 안 그러면 아무나 들어가서 투표할 테니까…."

"그런데 우리는 누구를 뽑을 건데요?"

"붕붕, 우리 붕붕이 로티…."

"붕붕, 우리 붕붕이 아빠, 아빠는 알아요?"

"내일 가서 봐야지."

"무얼 볼 건데요?"

"네가 좀 더 크면, 그때…."

엄마가 말하다가 멈칫했어요. 왜냐하면 붕붕이의 코가 이미 자기 코와 같은 높이에 있었기 때문이에요.

"사람이 좀 더 자라면, 그땐 흰 게 검게 변하고, 빨강이 파랑이 돼요? 그래서 세상이 갑자기 변하나요?"

"하지만 우리 이 문제는 엊그제 밤에 이야기했잖아."

아빠는 즐거운 표정으로 떠올리고는, 엄마가 방금 쓰레기통에서 꺼낸 쓰레기봉투를 들고 밖으로 나갔어요.

그건 사실이었어요. 이틀 전, 엄마는 붕붕이에게 선거가 무엇인지 이야기해 주었어요. 엄마가 붕붕이에게 선거에 대해 이야기했지만, 실은 텔레비전에서 이미 배운 내용들이었어요.

선거는 집 전체, 거리 전체, 도시 전체, 또는 나라까지, 모두에게 가장 좋은 것이 무엇인지 결정할 사람을 고르는 거예요. 각자 자기 집에 있는 개개인을 위해서가 아니라, 도시를 위해서, 나라를 위해서.

붕붕이는 사람들이 자기를 가장 똑똑한 사람으로 뽑아 주기를 원했지만, 사실은 무섭기도 했어요. 알지도 못하고 직접 본 적도 없는 수백만의 사람들이 살고 있는 도시 전체를 대표하는 것은 생각할 수도 없었고, 6번 건물 앞에 있는 어두운 마당에 대해 생각하는 것만으로도 몸이 떨릴 만큼 겁이 났어요.

그래서 사람들은 모두가 다 같이 행복하게 사는 것이 어떤 것인지 확실하게 알고 있는 사람을 뽑아야 해요. 그리고 선출된 사람, 뽑힌 사람을 국회의원이라는 특별한 이름으로 부르지요. 사람들은 똑똑하면서 용감한 사람에게 투표를 하는데, 모두 같은 날 한꺼번에 해요. 그래야 공정해요. 그리고 그날은 보통 일요일이고, 선거하는 일요일은 4년에 한 번 돌아와요. 그런데 이번 선거일인 일요일이 바로 내일이에요.

만약에 어른들이 자기 손으로 뽑은 의원들에 대하여 하는 말을 붕붕이가 듣고 생각하지 않았다면, 아마도 그날 저녁 붕붕이네 아파트에서 벌어질 사건은 일어나지 않았을 거예요.

"왜 저렇게 말도 안 되는 이야기를 하고 있어!"

"저 인간들 머리가 있는 거야?"

"저 사람은 우리가 뽑아 준 걸 잊었군!"

"국회의원들이 저렇게 생각하고 행동하면, 우리는 어떻게 되는 거냐고?"

아빠와 엄마, 그리고 할아버지는 텔레비전 뉴스를 보면서 모두 이렇게 못마땅해했어요.

붕붕이는 당연한 사실 한 가지를 깨달았어요. 올바른 사람을 선출하는 것은, 자기가 정말로 갖고 싶었던 우리에 든 햄스터나 롤러스케이트보다 훨씬 더 중요하다는 거예요. 선거는 모든 사람이 각자 자신의 삶을 얼마나 행복하게 여기는지에 달려 있어요. 누군들 원하지 않겠어요? 아직 말도 제대로 못 하는 어린아이들도 행복한 삶을 살고 싶어 한다는 것을 붕붕이는 알고 있었어요.

선거를 할 때 각 사람은 한 표씩 행사하여 하나의 목소리를 내요. 사람은 투표를 함으로써 자기의 선택을 '표현'할 수 있어요. 자기가 뽑고 싶은 사람에게 투표하는 것은 그 후보가 똑똑하면서 좋은 사람이라고 생각하기 때문이에요. 선출된 사람에게 얼마 동안 자기 목소리를 빌려 주는 거지요. 그래서 그 당선자가 4년 동안 자신에게 목소리를 빌려 준 사람들을 대신해 말할 수 있게 돼요.

예전에 붕붕이는 어른들이 자신들이 하는 투표만 진정한 투표라고 생각하는 게 화가 나서 토라지기도 했어요. 투표는 열여덟 번째 생일이 지나야만 할 수 있어요. 붕붕이는 그때 놀이터에서 같이 노는 친구들 가운데 누구를 똑똑한 국회의원으로 선출할 수 있을지 생각해 봤어요. 그랬더니 투표를 하는 데 나이가 중요하다는 걸 인정할 수밖에 없었어요. 꼬마 울디스는 아마도 자기가 갖고 있는 장난감 로봇을 국회의

원으로 뽑을 것이고, 바이바는 자기 바비 인형을, 그리고 꼬마 이바르스는 꼬리가 없는 회색 곰 인형을 뽑을 거예요. 붕붕이는 투표를 하려면 열여덟 살이 될 때까지 기다려야 한다는 것에 이제는 동의해요.

선거는 어른들만 하기 때문에 더 중요해 보였어요. 어른들이 하는 투표가 붕붕이의 삶이 행복해질지 아니면 불행해질지도 결정해요. 그래서 집에 아직 열여덟 살이 안 된 자녀들이 있다면 투표가 두 배로 중요해요. 붕붕이의 엄마와 아빠는 붕붕이 몫으로 하나의 추가 표가 있는 거예요. 추가로 여섯 표까지 있는 어른도 있었어요. 그래서 붕붕이는 아빠가 투표할 거라고 장난처럼 말하는 것을 전혀 이해할 수 없었어요.

붕붕이는 어른들이 자기 생각을 들어주고 동의하기를 바라면서 차분하게 의견을 말하고 궁금한 점을 토론할 수 있었어요. 하지만 엄청난 계획을 세우고 열쇠를 창문 밖으로 던져 버렸어요. 붕붕이는 남들과 토론을 한다고 해서 반드시 서로 이해하게 되는 건 아니라는 걸 알고 있었어요. 그것은 할아버지의 말이었는데, 붕붕이는 점점 더 그 말이 맞는다고 생각하게 되었어요. 만약에 엄마가 투표를 일요일 계획 중

가장 먼저 할 일로 정했다면, 선거에 대해 엄마가 한 말도 정말로 이해할 수 있었을 거예요. 행동하는 것을 보면 더 잘 이해하게 되는 법이니까요.

마침내 일어나야 할 일이 현관에서 일어났어요.
"열쇠 어디 있지?"
아빠가 검은색 쓰레기봉투를 들고 부엌에서 나간 것이 오래전 일인 것 같았어요. 붕붕이는 아빠가 엄청 화가 났을 거라고 생각했어요.
"열쇠가 없어…."
"무슨 열쇠요?"
엄마는 붕붕이가 상상했던 것과 똑같이 물었어요.
"중문 열쇠! 없어졌어!"
이제 아빠의 말이 좀 더 심각하게 들렸어요.
물론 붕붕이는 사랑하는 엄마, 아빠를 일부러 이렇게 화나게 만든 것이 마음 아팠어요. 그래서 열쇠를 자기 방 서랍처럼 찾기 쉬운 곳에 숨기는 대신 창문 밖으로 던져 버렸어요. 제대로 뭔가 깨닫기도 전에 엄마, 아빠가 안쓰러워져서 열쇠를 제자리에 갖다 놓게 될까 봐 걱정했었어요. 꾹 참아야 했어요. 일단 모두가 깨닫는다면, 집은 다시 따뜻하고 행복해질 거예요.

"미치겠네! 우린 이제 밖으로 못 나간다고!"

아빠는 이제 정말로 화가 났어요. 아빠가 '미치겠네!' 같은 말을 하는 건 화가 났을 때뿐이에요.

엄마는 아빠를 도와주러 현관으로 급히 갔어요. 아빠는 어떻게 물건을 찾아내는지 잘 몰라요. 이번에는 엄마가 옷장과 찬장 문과 서랍장들을 샅샅이 뒤졌지만 허사였어요.

"아버지? 아버지도 몰라요?"

엄마가 날카로운 목소리로 물었어요.

"몰라."

할아버지가 침착하게 곧바로 대답을 해서 붕붕이는 놀랐어요. 할아버지는 붕붕이를 살그머니 보고 있었고, 붕붕이는 할아버지가 미소 짓는 것을 눈치챘어요.

"너니?"

붕붕이는 할아버지가 어떻게 자기 계획을 알아냈는지 궁금했어요. 붕붕이는 처음부터 끝까지 혼자 마음속으로 계획을 세웠기 때문에 이 비밀 계획을 다른 사람이 알아차리지 못할 거라고 생각했어요.

"할아버지, 나 못됐죠, 그렇죠?"

붕붕이는 눈에 눈물이 가득했어요.

"나라면 못 했을 거다."

할아버지는 붕붕이에게 귓속말로 대답했어요.

"아니, 나는 그럴 배짱이 없지…. 내가 투표에 대해 어떻게 생각하는지 넌 어떻게 알았니?"

"열쇠 말인데요, 저는…."

"됐다, 알고 싶지 않구나!"

할아버지는 붕붕이를 공중으로 높이 들어 올렸어요.

"나는 네 엄마, 아빠가 뭔가 깨닫는 걸 보고 싶단다."

"저는 기분이 별로예요."

붕붕이는 팔로 할아버지의 목을 감싸 안았어요. 그 순간 세상 그 무엇보다도 붕붕이는 할아버지와 함께 자기 방으로 가서 그림을 그리고 싶었어요. 하지만 할아버지는 얼음 구멍으로 뛰어들기가 무섭다면, 자신 있는 척 떠벌려서는 안 된다고 말했을 거예요. 그 말은 뭔가를 할 계획이면, 그땐 끝까지 쭉 밀고 나가라는 뜻이었어요.

처음에 붕붕이는 왜 그런 일을 해야만 하는지, 얼음 구멍으로 뛰어들 필요에 대하여 오랫동안 진지하게 생각했어요.

겨울에 다른 사람들은 코트를 세 겹 입고도 코가 언 채 얼음 구멍 주위를 걷고 있는 동안, 차가운 물속으로 뛰어들려면 용기가 필요해요.

"먼저 용기를 키워. 그런 다음 얼음 구멍으로 가는 거야."
할아버지가 붕붕이에게 약속했어요.
"너를 위해 내가 얼음 구멍 옆에서 수건을 들고 있을게."
이제 붕붕이는 용기를 키워 창문 밖으로 열쇠를 던졌어요. 쉽지 않은 일이었지만, 항상 할아버지에게 의지할 수 있었어요. 붕붕이는 잠시 동안 할아버지의 턱밑에 편안하게 기댔어요.

할아버지는 붕붕이를 다시 내려놓고, 금세 미소를 감췄어요. 그러고는 엄마, 아빠처럼 속상한 듯 행동했어요. 엄마, 아빠는 쓰레기봉투를 들고 다시 부엌으로 왔어요.
"우리 이제 어떻게 하지?"
엄마가 아빠에게 물었지만, 엄마는 그때 흰 우유 수염이 생긴 붕붕이를 쳐다보고 있었어요.
"열쇠가 없어."
"난 몰라. 미치겠네…."

무슨 이유인지, 아빠는 쓰레기봉투를 몸 쪽으로 더 끌어당기고 있었어요. 붕붕이는 시내에서 가장 큰 대형 할인점에서 나쁜 사람들을 잡는 경비 대장이 어떻게 집에서는 종종 아무것도 모르는 어린아이가 되어 버리는지 놀랄 때가 많았어요.

붕붕이는 더 이상 모르는 척할 수가 없었어요. 어찌할 바를 모르는 엄마, 아빠를 위해서 이번 계획을 밀고 나가야만 했어요.

"아빠, 엄마, 할 말이 있어요."

붕붕이는 차분하고 조용하게 말하려고 애썼어요. 엄마, 아빠가 놀라며 동시에 자리에 앉았는데, 아빠는 말 그대로 의자에서 미끄러졌어요.

"아빠, 쓰레기봉투…!"

"미치겠네!"

할아버지가 찢어진 쓰레기봉투에서 쏟아진 조각들을 모으고, 아빠가 크림과 마요네즈와 밀가루 범벅을 닦아 내는 동안, 붕붕이는 "그래, 말해 봐, 말해 봐."라며 채근하는 엄마에게 여러 차례 대답해야 했어요.

"내가 벌써 얘기했잖아요."

"넌 아무 말도 안 했잖아!"

"전부 다 얘기했어요."

"그래, 네가 관심을 받으려고 우리를 가뒀다고 했지. 좋아, 이제 알겠어, 고마워!"

엄마는 화가 나면 비꼬듯이 상냥하게 말을 해서 짜증 나요. 그래서 붕붕이는 엄마가 화내는 게 싫었어요.

"미치겠네…!"

아빠는 운동화에 큰 얼룩이 진 걸 알게 되었어요.

"우리가 로티에게 관심을 덜 기울였나?"

엄마는 점점 더 가짜 같아 보이는 미소를 지었어요.

"네."

속으로는 겁이 났지만, 붕붕이가 말했어요. 사실이 아니었어요. 하지만 붕붕이의 입은 멈추지 않았어요.

"네, 네, 네…!"

"우리가 지금 집에서 개를 키울 형편도 아니고, 너도 사정을 잘 알잖아."

엄마는 붕붕이가 무척 갖고 싶어 하던 것들을 하나도 빠뜨리지 않고 기억해 내려고 애쓰고 있었어요.

"할아버지가 개랑 고양이 알레르기가 있는 거 너도 알잖

니….”

"할아버지가 계속 알레르기 약을 드시는건 나도 싫어요. 그것 때문이 아니에요."

붕붕이는 열쇠가 없어진 진짜 이유를 엄마가 아직 짐작조차 못 한다는 것을 알려 주었어요.

"네가 아무리 원해도 카나리아 제도에서 살 수는 없어."

엄마는 붕붕이가 예전에 했던 말들을 지금 떠올리고 있었어요. 붕붕이도 이미 오래전에 말도 안 된다고 생각했던 것들이에요.

"누구한테 투표할 건가요?"

붕붕이가 말했어요. 이 말은 마치 붕붕이가 좋아하는 텔레비전 아나운서가 하는 말처럼 들렸어요.

"붕붕이 로티, 너 진심이야?"

아빠는 쓰레기 얼룩들보다 붕붕이의 말에 더 신경 쓰는 것 같았어요.

"아니야, 아니야."

엄마가 아빠한테 소곤거렸어요.

"쟤가 텔레비전에서 들은 말이야. 광고 나오는 거 있잖아요."

"맞아요!"

붕붕이는 자기가 진짜 아나운서가 된 것 같아 아주 기뻤어요. 하지만 자기가 말한 것을 어른들이 전혀 귀담아 듣지 않아서 속상했어요. 붕붕이는 문을 잠근 이유를 열일곱 번은 설명했어요. 내일 가장 중요한 일은 투표라고!

"투표는 나한테도 중요해요. 왜냐하면 엄마, 아빠는 내 몫까지, 내 투표권도 갖고 있는 거니까요."

붕붕이는 진작에 했어야 했던 중요한 말을 마지막에 덧붙였어요.

"그렇지만… 그렇지만 우리는 이제 투표하러 가고 싶어도

갈 수 없게 됐네. 문이 잠겨서."

엄마는 농담처럼 말했어요.

"엄마, 아빠가 안 해도 별일 없을 거예요."

붕붕이는 엄마를 따라서 농담으로 대꾸했어요.

"엄마가 다리 하나를 잃어버리는 것도 아니잖아요."

억지로 미소 짓고 있던 엄마 표정이 드디어 심각해졌어요. 붕붕이는 이제야 엄마가 진지하게 생각하기 시작했다는 걸 알았어요. 엄마는 그동안 투표에 대해 시큰둥했어요.

"아버지, 어디 있어요? 왜 갑자기 아무 말도 없어요?"

엄마가 큰 소리로 할아버지를 불렀어요.

"못 찾겠네…."

할아버지는 현관에서 부엌으로 돌아왔어요.

"보조 열쇠를 찾고 있었어."

"중문 보조 열쇠는 애초부터 거기에 없었잖아요."

할아버지도 엄마도 잘 알고 있었어요.

"아버지, 무슨 할 말 없어요? 할 말 아무것도 없냐고요!"

"오래전에는 열쇠가 있었지…."

할아버지는 엄마의 눈을 똑바로 쳐다보지 못했어요.

"아버지, 왜 어린애랑 장난하세요?"

엄마는 이번에도 자기가 모든 것을 안다고 생각했어요.

"아버지가 애를 부추기고 있잖아요. 왜 아버지가 하고 싶은 걸 로티한테 하게 만드세요?"

"할아버지가 나를 부추긴 게 아니에요!"

붕붕이는 엄마가 투표가 아니라 할아버지 때문이라고 생각하고 있는 것이 놀라웠어요. 할아버지 때문에 문이 잠긴 게 아니었는데 말이에요.

"할아버지가 부추기지 않았어요. 나랑 장난치지도 않았어요! 할아버지는 투표하러 가고 싶어 해요. 투표하러 갈 거예요. 그리고 할아버지는 비즈마 할머니와 만나서 데이트하려고 가는 게 아니라, 투표가 중요하기 때문에 가는 거라고요. 그래서 할아버지는 마음이 상한 거예요. 엄마, 아빠가 투표에는 관심이 없어 보여서요."

"네가 어떻게 알아? 할아버지가 말없이 앉아 웃기만 하는데, 아무도 부추기는 게 아니라는 걸 네가 어떻게 아느냐고!"

"나는 수학 선생님 딸이거든요!"

붕붕이는 그렇게 딱 맞는 대답이 어디서 튀어나왔는지 깜짝 놀랐어요.

"나는 내가 보고 들은 걸 모두 조합한 다음 이해해요. 그래서 옳은 대답을 하는 거라고요."

"**좋**아."
엄마는 인정했어요. 하지만 정말로 포기하는 건 아니었어요.

"좋아요, 아버지. 아버지는 누구를 뽑을 거예요?"
"잠깐!"
붕붕이는 의자로 다시 튀어 올라갔어요.
"그건 아무에게도 말하면 안 된다고요! 엄마가 전에 말했잖아요, 비밀 투표라고. 다른 사람이 누구를 뽑을지 모르게 되어 있어서 투표가 공정한 거라고!"
엄마는 갑자기 설거지를 하기 시작했어요. 더 할 말이 없어진 거예요.
"엄마도 알잖아요. 사람은 각자 자기 생각이 있어요."
붕붕이는 계속해서 붕붕거렸어요.
"할아버지가 바라는 건 오로지 하나예요. 엄마, 아빠가 각자 자기 머리로 생각하는 거예요. 다른 사람 머리가 아니라 엄마, 아빠 머리로. 그리고 나도 그러길 바라고요. 할아버지가 부추겨서가 아니에요, 나는 내 머리로 생각한다고요!"

할아버지는 손뼉을 쳤어요. 붕붕이가 한 말에 박수를 치는 것 같았는데, 싱크대 앞에 선 엄마의 등이 굳어지는 것을 보고는 멈췄어요.

그런데 그때 아빠가 말썽을 일으켰어요. 아빠는 검은색 쓰레기봉투를 손에 들고 있었어요. 반짝이는 새 봉투에 원래 쓰레기봉투에서 쏟아진 것들을 모두 집어넣었어요.

"나 이거 버리러 갈게, 알았지?"

아빠가 말했어요.

"네 말 알아들었어, 붕붕이 로티."

그렇게 승리한 것 같았지만, 붕붕이의 계획은 겨우 절반 이루어진 거예요. 무슨 말이냐 하면, 말로는 자기가 좋은 일을 할 준비된 후보라고 말하지만 나중엔 자기 잇속만 채우는 사람에게 엄마와 아빠가 투표하지 않게 만드는 일이 남았어요.

엄마는 가끔 그렇게 나쁜 사람들도 있다고 붕붕이에게 말했었어요. 엄마도 잘 알고는 있었지만, 아무 생각 없이 되는 대로 투표하려 했어요. 도무지 이해하기가 어려웠어요! 언제나 논리적인 수학 선생님이, 무엇보다도 이런 상황을 재빨리 파악하고 잘못되었다는 것을 알아차려야 할 사람이 말이

에요.

붕붕이는 할아버지가 이런 것 때문에도 심장이 아팠다는 것을 알았어요. 할아버지는 선거가 사람들의 삶을 바꾸고, 나라를 완전히 반대 방향으로 180도 바꿔 놓을 수 있을 만큼 매우 중요했던 시절을 살아왔다고 말했어요. 할아버지는 180도에 대해 설명하지 않았지만, 붕붕이는 이해했어요. 만약 그 시절 사람들이 아무 생각 없이 되는 대로 투표를 했다면, 나쁜 사람들만 국회의원으로 선출됐을지도 몰라요. 그랬다면 득을 보는 사람은 그들을 뽑아 준 국민들이 아니라, 나쁜 사람들뿐이었을 거예요.

"우리는 그런 일이 일어나도록 내버려 두지 않았지."

할아버지가 말했었어요.

"그랬으니까 우리가 지금 아주 편안하게 살고 있는 거란다."

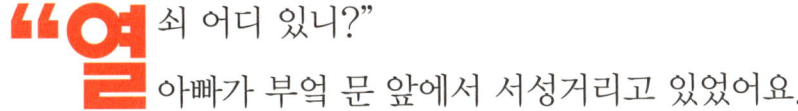"열쇠 어디 있니?"

아빠가 부엌 문 앞에서 서성거리고 있었어요.

"이제 알겠으니까, 열쇠 어디 있어?"

"창문 밖으로 던져 버렸어요."

붕붕이는 텔레비전 아나운서처럼 침착하게 말하려고 애썼어요.

엄마는 아무 말도 하지 않았어요. 엄마는 그날 저녁 설거지를 세 번은 넘게 했을 거예요. 그건 엄마가 아주 진지하게 생각하고 있다는 뜻이었어요.

"장난 그만 쳐, 붕붕이 로티."

아빠는 보기보다 더 애가 타는 것 같았어요.

"내가 창밖으로 던져 버렸어요. 거실 창밖 안마당으로요."

붕붕이는 아빠에게 이 말을 하는 게 아주 힘들 것 같아 미리 연습까지 해 두었어요. 하지만 아빠는 껄껄 웃기 시작했어요. 엄마도 따라 웃기 시작했어요. 엄마, 아빠는 붕붕이의 말도 안 되는 장난을 언제나 재미있어 했어요. 붕붕이도 엄마, 아빠가 즐거워하면 덩달아 즐거웠어요. 아직까지 엄마, 아빠는 이번에도 그저 장난쯤으로 여기는 것 같았어요.

"내가 열쇠를 던져 버렸다고요, 창문 밖으로."

붕붕이는 '장난하는 거 아니에요.'라고 말하는 무시무시한 표정을 지으며 아빠의 눈을 바라보았어요.

"미치겠네…!"

아빠는 쓰레기봉투를 또 떨어뜨렸어요.
"붕붕아, 로티…."
엄마도 번개처럼 번쩍이는 붕붕이의 눈빛에 충격을 받았어요. 붕붕이 뒤에 서 있던 할아버지도 두꺼운 은빛 눈썹이

치켜 올라갔어요.

"얼음 구멍으로 뛰어들지 못할 거라면, 떠벌리지 말아야 하는 거죠?"

붕붕이는 간신히 말했어요.

어른들은 한참을 진정하고 나서야 붕붕이가 생각했던 일을 하기 시작했어요. 붕붕이의 계획대로였어요.

그들은 여전히 불평을 늘어놓으려고 했어요.

"국회의원 선거를 위해서 우리가 어떻게 해야 하는데? 누구 머리 모양이 제일 낫니? 헤어스타일로 뽑을까?"

엄마가 물었어요.

붕붕이는 전에 이런 농담을 텔레비전에서 들은 적이 있었지만, 엄마가 한 말이 하나도 웃기지 않은 척했어요.

"좋아요, 우리끼리 투표해 봐요."

붕붕이는 땋은 머리를 만지작거렸어요.

"우리 중에서 의원을 뽑는다면 누굴 뽑아요?"

어른들은 이런 방식을 좋아했어요.

"그래, 아빠를 뽑을 수는 없어. 아빠는 헤어스타일이 형편없으니까."

엄마가 단호하게 말했어요.

"짧게 깎은 머리도 좋은 헤어스타일이에요! 그리고 단정한 머리잖아요!"

붕붕이가 지지 않고 말했어요.

"아빠도 좋은 국회의원이 될 수 있어요. 외모로만 본다면요."

"엄마는 미장원에 다섯 시간 동안 앉아 있었어. 네 엄마 예쁘지. 나는 이런 헤어스타일 좋아해."

아빠는 이렇게 말하고 얼굴을 붉혔어요.

"그럼 우리는 그 미용사를 뽑아야겠네요."

붕붕이가 결정을 내리듯 말했어요.

"나도 그 미용사 좋아해요."

"하지만 색깔은 내가 고르고, 머리를 어떻게 자를지도 미용사에게 말해 줬어!"

엄마는 갑자기 이 게임을 아주 진지하게 받아들이고 있었어요.

"내가 다 생각한 거라고, 미용사가 아니라."

"하지만 할아버지는 혼자 머리 깎잖아요."

할아버지는 그 자리에서 벗어나려 하고 있었는데, 붕붕이는 할아버지를 현관에서 부엌으로 다시 끌어왔어요. 붕붕이는 엄마가 할아버지의 헤어스타일을 정말로 싫어하지만 마음에 쏙 드는 이발사를 찾아내지도 못했다는 걸 알고 있었어요.

"어, 그래, 맞아…."

엄마는 생각했어요.

"그런데 왜 너를 의원으로 뽑을 수 없지? 이렇게 예쁘게 땋은 머리를 하고 있는데?"

엄마는 마음에 없는 말을 하고 있기 때문에 억지처럼 들렸어요.

"어른만 국회의원으로 뽑을 수 있으니까요. 그리고 국회의원은 머릿속에 무슨 생각이 들어 있는지를 보고 뽑아야 해요, 그 사람들 머리 모양을 보는 게 아니라."

"너는 우리가 어떻게 하길 바라는 거니?"

"우리가 우리 아파트에 사는 사람을 의원으로 뽑는 거예요?"

붕붕이는 질문에 대한 대답을 질문으로 하는 것이 옳지 않다는 것을 알고 있었지만, 그 순간 아무도 이걸 신경 쓰지 않았어요.

"하지만 우리 자신에게 투표하지 않을 거야."

이번에도 아빠는 뭔가 할 말을 찾아냈어요. 그래서 엄마는 붕붕이의 계획을 자기만 모르는 건 아니라고 느낀 것 같았어요.

"아빠가 내일 누구에게 투표해야 할지 모르겠다고 아빠 입으로 말했어요."

"우리가 말하려던 건 그게 아니야."

아빠가 주장했어요.

"가서 보고, 충분히 이해한 다음에 투표할 거야."

"이해하지 못해도 투표할 거예요?"

붕붕이는 지치지도 않고 말했어요.

"투표하지 않고 나올 셈이에요?"

"좋아, 집 안에 투표소를 만들어서 연습해 보자!"

엄마는 붕붕이가 그렇게 밀어붙이면 정말로 즐거워해요.

"아직 해결 안 된 게 있어?"

어이없게도 아빠는 웃고 있었어요.

"엄마를 아빠라고 부르는 데 투표하고, 할아버지는 엄마라고 부르자고 투표할까? 그리고 너는 할아버지가 되고, 나는 엄마가 되게?"

붕붕이는 정말로 어이없었어요.

"우리는 진짜 선거에 대해 이야기하고 있어요."

붕붕이는 아나운서처럼 차분하게 말을 이어 갔어요.

"우리 중에 모두를 위해 가장 좋은 게 뭔지 아는 사람은 누구일까요?"

"당연히 아빠지. 나는 아빠에게 투표할게."

엄마는 다시 잘 생각해 보지도 않고 투표했어요.

"나는 엄마한테 투표할게!"

아빠는 손을 번쩍 들었어요.

"아버지는요?"

엄마는 할아버지가 누구를 뽑을지 이미 알면서도 물었어요.

"아버지는 누구에게 투표하실 거예요? 붕붕이에게 투표할 수는 없어요, 쟤는 너무 어리니까. 그렇죠? 애 아빠에게 하실 거죠?"

"각자 스스로 결정해야 한다고요! 그렇지 않으면 공정하지 않아요!"

붕붕이가 항의했어요.

할아버지는 어떠한 말도 하고 싶지 않을 때면 물을 마시러 가요. 정말로 물 마시는 게 급해서 다른 말은 못 듣거나 모르는 것처럼 행동해요. 할아버지는 이때도 바로 물을 마시러 갔어요.

"투표 안 하실 거예요?"

엄마가 물었어요.

"그러면 우리는 동점이에요, 일대일."

"할아버지, 선거를 망치실 거예요?"

붕붕이는 할아버지가 자기에게 했던 말을 상기시켰어요.

"'그런 사람들이 제일 창피한 거고, 나쁜 사람들이 나쁜 일들을 하게 내버려 두는 거야.' 누군가 내게 이렇게 말했는데…."

"아버지?"

그 순간 엄마도 붕붕이와 같은 생각을 하고 있었어요.

"결정해야 해요, 결정해야 한다고요!"

할아버지는 엄마의 아버지예요. 딸이 간절히 원한다면, 당연히 붕붕이 아빠의 손을 들어줄 수밖에 없었어요.

"**만**세, 만세, 만만세!"
엄마는 아빠의 목을 끌어안았지만, 아빠는 정말로 국회의원에 당선된 사람처럼 기뻐 보이지 않았어요.

"이제 당신이 이 집안의 대표야! 이미 대표였지만, 이제는 공식적으로 선출됐어! 당신이 뽑혔고 승인받은 거야!"

"축하해요, 아빠."

붕붕이가 아빠에게 뽀뽀를 했고, 아빠도 마침내 미소를 지었어요.

"이런 영광을 안겨 주다니, 고맙습니다!"

아빠는 아나운서처럼 말할 줄도 알았어요. 심지어 의자에서 일어나 자기 앞에 서 있는 투표자들에게 뽀뽀를 날렸어요.

"와우!"

엄마는 열정적으로 손을 흔들었어요. 엄마는 오래전에 연극을 공부했기 때문에 연기를 꽤 잘했어요. 그렇지만, 조금은 튀어요.

할아버지도 콧수염 사이로 미소 지었어요. 하지만 할아버지는 아빠가 아니라 붕붕이를 보고 있었어요. 이게 끝이 아니라는 걸 할아버지는 알고 있었어요. 붕붕이도 그 사실을 알았어요. 붕붕이의 계획은 절대로 이렇게 간단하고 쉬운 게 아니었어요. 장난으로 끝날 만한 계획이 아니지요.

"그래서요?"

붕붕이가 아빠에게 물었어요.

"고마워!"

아빠는 아직 의자 위에 서서 손을 흔들고 있었어요.

"그래서요?"

붕붕이가 다시 물었어요.

"그래서?"

아빠가 똑같이 따라 했어요.

"그래서…?"

엄마는 조금 머뭇거리며 물었어요. 엄마는 붕붕이가 무슨 생각을 하고 있는지 전혀 알아차리지 못했어요. 하지만 딸이 뭔가 생각이 있다는 사실은 점점 더 뚜렷해졌어요.

"그래서라니?"

아빠는 의자에서 내려왔어요.

"아빠, 아빠가 당선자예요."

붕붕이는 아빠가 스스로 알아차리기를 바랐어요. 무엇을 해야 하는 건지 매번 아빠에게 말할 필요는 없었어요.

"그래, 우리 집 국회의원이지."

"지금 당장 우리가 해결해야 할 문제가 있잖아요?"

붕붕이는 가만히 있지 못하고 의자로 뛰어올랐다가 내려오고, 또다시 올라갔다가 내려왔어요.

"그게… 아니…."

아빠는 엄마를 쳐다보았어요. 엄마도 붕붕이가 아빠에게

서 어떤 대답을 듣고 싶어 하는지 확실하게 알지 못했어요. 엄마는 도움을 청하려고 할아버지를 찾았지만, 할아버지는 창문 밖을 내다보고 있었어요. 붕붕이는 할아버지가 또다시 조용히 웃고 있는 것을 보았어요. 그래서 뒤돌아서 있었던 거예요. 엄마와 아빠가 보지 못하도록.

"우리가 집 안에 갇혀 있는데도 괜찮아요?"

붕붕이는 마침내 국회의원은 무엇을 생각해야 하는지 아빠에게 이야기하기로 작정했어요.

"아빠는 의원이에요. 아빠가 모든 걸 가장 잘 알고 해결할 사람이라서 뽑힌 거예요. 엄마가 아니라, 아빠가요."

"그런데 내가… 내가… 문이 잠긴 걸 내가 열어야 하는 거야? 그래서 우리가 밖으로 나갈 수 있게…?"

국회의원이 된 아빠는 드디어 지금 당장 해야 할 일이 무엇인지 깨닫게 되었어요. 의원은 자기를 뽑아 준 사람들을 위해 할 일을 생각해 내야 했어요. 붕붕이는 아빠에게 또 한 번 칭찬의 뽀뽀를 해 주고 싶었지만, 하지 않기로 결정했어요. 국회의원은 칭찬이 없어도 세상을 더 나은 곳으로 만들기 위해 일하는 게 당연하니까요.

"당연하지!"

엄마도 마침내 대답을 찾은 것에 덩달아 기뻐했어요.

"사건이 일어난 곳으로 함께 가 보자!"

엄마는 지금 막 당선된 국회의원의 손을 잡고 함께 거실로 가서 붕붕이가 중문 열쇠를 던져 버린 창문 밖을 내다보았어요.

"내가 투표에 대해 어떤 생각을 갖고 있는지 어떻게 알았니?"

부엌에 붕붕이와 둘만 남게 되자, 할아버지는 다시 한 번 물었어요.

"진짜 의원은 너야. 너는 묻지 않고도 사람들이 무엇을 생각하는지 알잖아."

"우리는 함께 살잖아요."

붕붕이는 할아버지를 끌어안았어요. 할아버지가 커다란 손으로 조금 더 오랫동안 자기 등을 감싸 안아 주기를 바랐어요. 힘들 때 붕붕이는 할아버지 품에 안겨 있기만 해도 마음이 편안해졌어요.

그렇지만 기분이 좋아지지 않았어요. 마음 한구석이 불편했기 때문이에요. 붕붕이는 사랑하는 사람들을 괴롭히고 싶지 않았어요. 그들이 사랑하기 힘든 사람이 되는 것도 원치 않았어요. 할아버지의 심장병을 도지게 만드는 그런 사람들 말이에요.

"됐다, 나는 국회의원을 도와주러 갈게."

할아버지가 붕붕이의 등을 쓰다듬었어요.

"하지만 할아버지가 전부 다 도와주면 안 돼요."

붕붕이는 할아버지의 손을 놓아 주려고 하지 않았어요.

"하지만… 우리는 가족이잖니…."

할아버지는 어찌 할 바를 몰랐어요.

"만약에 유권자들이 모두 매번 국회의원들을 도와주러 가면, 어떤 일이 일어날까요?"

붕붕이는 그렇게 하는 것은 지금까지 세상에서 본 중에 가장 바보 같다고 오래전부터 생각했어요.

"국회의원이 우리를 도와주어야 해요. 그 반대가 아니라고요. 누가 나한테 그런 이야기를 해 주었지요? 바로 지금 우리가 아빠를 국회의원으로 뽑아 주었다고요. 이제 우린 가족이지만 가족이 아니라고요."

붕붕이는 이 말이 얼마나 이상하게 들릴지 알았지만, 어떻게 말해야 할지 몰랐어요.

아빠에게는 두 개의 가족이 있어요. 엄마는 종종 이렇게 말했지만, 질투하거나 화내지는 않았어요. 붕붕이도 할아버지도 그랬어요. 아빠의 두 번째 가족은 아빠의 오랜 친구들이었어요.

붕붕이도 그들 모두를 알았어요. 오래전부터 어려움을 함께했던 아빠의 친구들이었어요. 그 친구들과 함께라면 아빠는 지구 끝까지도 갔어요. 처음에 붕붕이는 아빠 친구들에 대한 이 이야기가 조금 무서웠어요. 붕붕이는 할아버지와 함께 가지 않으면 시내 끝까지 갈 수 없었기 때문이에요. 그런데 지구의 끝이라니!

나중에 이것은 어떤 영웅적인 일을 함께한 사람들이 쓰는 표현이라는 걸 알게 되었어요. 그들은 정말로 모든 어려움을 함께했어요. 아빠와 아빠 친구들은 군대에서 만났는데, 함께 훈련을 받고 특전사가 되었어요. 특전사는 필요한 경우에 침략자들로부터 나라를 지키기 위해 가장 먼저 나서야 해요.

"우리는 슈퍼맨이 되는 법을 배웠지!"

아빠는 자랑스러워했어요. 은근히 자랑스러워할 뿐 크게 떠벌리지 않았어요.

"슈퍼맨은 절대로 죽지 않아. 우리는 지금도 그리고 앞으로도 쭉 슈퍼맨이라고!"

그래서 붕붕이는 슈퍼맨을 매일 보았어요. 구급대원이나 소방관, 경찰관, 심지어는 아빠가 근무하는 대형 할인점에서 안전요원으로 일하는 데도 몇 년간 군대에서 훈련을 받은 그들의 기술과 힘, 그리고 용기가 필요해요. 아빠는 여러 분야에 친구들이 있었는데, 여름이면 몇몇 친구들과 함께 보트를 타러 갔고, 겨울에는 또 다른 친구들과 활강 스키를 타러 갔어요. 이 친구들, 아니면 저 친구들, 아니면 또 다른 친구들과 함께.

그리고 그날 저녁, 아빠는 친구들을 거의 모두 안마당으로 불렀어요. 의원이 내린 결정이었어요. 아빠의 친구들에게는 열쇠를 찾아서 의원과 그의 가족을 건물 5층에 있는 아파트 감옥에서 풀어주는 임무가 주어졌어요.

붕붕이는 아빠가 그렇게 어마어마한 생각을 할 거라고는 상상도 하지 못했어요. 어둑어둑해졌을 때, 아빠의 친구인 여자 경찰관 두 명이 개들을 데리고 돌벽으로 둘러싸인 안마당에서 열쇠를 찾고 있었어요. 두 사람은 경찰견 두 마리를 데리고 있었고, 남자 경찰관 세 명이 합류했어요. 구조대원인 카를로와 레옹은 구조대원 복장을 입고 헬멧을 쓰고 있었는데, 긴 접이식 사다리를 길에서부터 들여오고 있었어요. 그리고 길모퉁이에는 깜박이는 파란 전구를 켠 응급차 두 대가 도착해 있었어요. 거기에서는 구급대원인 크리스티안 아저씨가 작업을 하고 있었어요. 모두 붕붕이가 아는 사람들이었어요. 마당 구석구석에 눈부시게 불을 밝혀 놓고, 호기심 많은 구경꾼들 한 사람도 마당으로 들여보내지 않았어요.

이 모든 것을 내려다보고 있던 붕붕이와 할아버지는 갑자기 발이 차가워졌어요. 할아버지가 말하곤 했던 것처럼, 실제로 볼에서 열이 나면, 평소보다 더 열심히 생각하느라 사람의 피가 모두 머리로 쏠려 볼은 뜨거워지고 발이 차가워져요. 다음에는 무슨 일이 일어날까요?

"미치겠네…!"

붕붕이가 자기도 모르게 중얼거렸어요.

"작전 개시!"

붕붕이와 할아버지 뒤에서 갑자기 슈퍼맨처럼 자신만만한 우렁찬 목소리가 들렸어요. 아빠였어요. 의원은 활짝 미소 지었어요. 의원의 부인은 남편의 어깨 너머를 바라보며, 남편 못지않게 미소 짓고 있었어요. 엄마는 창문을 내다보며 작전 통제를 하고 있는 아빠 옆으로 다가갔어요.

아빠는 전화로 명령을 내리고 있었어요. 모든 것을 한눈에 알아볼 수 있었어요.

"오른쪽으로, 왼쪽으로! 좀 더…!"

아빠는 진짜 슈퍼맨처럼 열정적으로 지시를 내렸어요.

"거긴 냄새 맡을 만한 게 아무것도 없다고…! 너희들 뭐 하는 거야? 너희가 거기를 밟으면 장미꽃이 어떻게 되겠어?"

"저건 분명 개한테 하는 말일 거야."

할아버지가 자신 있게 말했어요.

"국회의원은 개와도 이야기할 수 있어야 하는 거예요?"

붕붕이가 웃음을 터뜨렸어요.

아빠의 친구 두 사람이 더 안마당에 도착했어요. 두 아저씨는 금속 탐지기를 가지고 왔어요. 눈에는 보이지 않는 파장으로 땅속에 묻힌 것들을 알아내는 기계였어요

"저 기계들이 땅속에 묻혀 있는 금속 위를 지나가면, 머리에 쓰고 있는 헤드폰에서 삐 소리가 나는 거야."

할아버지가 설명해 주었어요.

"안마당에는 관과 전선이 아주 많이 묻혀 있어서 금속 탐지기가 쉬지 않고 삐삐 울릴 거야. 저렇게 뒤엉켜 있는 데서

그 작은 열쇠를 찾아낼 수는 없을걸."

할아버지가 옳았어요. 두 아저씨는 헤드폰이 너무 많이 삐삐거려서 곧바로 벗어 버려야 했어요.

"너 열쇠를 어디로 던졌니?"

할아버지가 갑자기 물었어요.

"그렇게 물어봐 줘서 기뻐요."

붕붕이는 오히려 신이 나서 폴짝거렸어요.

"기쁘고 말고가 어디 있어?"

할아버지가 의아해했어요.

"나는 할아버지가 그렇게 물어봐 줘서 기쁘다고요! 할아버지가 가르쳐 주셨잖아요, 무슨 일이든 시작하기 전에 제대로 물어봤어야 한다고요."

붕붕이는 너무 큰 소리로 기뻐하지는 않았어요. 왜냐하면 슈퍼맨이자 국회의원인 아빠가 이렇게 단순한 질문을 할 생각을 하지 않아서 아쉬웠기 때문이에요.

"우리가 저런 요란한 구조 작전 없이도 해결할 수 있었던 거니?"

할아버지는 제대로 이해했는지 자신이 없었어요.

"다 됐어요, 다 됐어."

붕붕이는 숨바꼭질하는 걸 정말 좋아했는데, 지금은 머리를 쓰는 숨바꼭질이었어요. 자기만 알고 있는 정답을 사람들이 알아내려고 애쓰고 있었어요.

"비슷해요, 거의 다 왔어요!"

"지나친 거 아니니?"

할아버지 이마에 주름이 잡혔어요.

"조금 지나치긴 했죠."

붕붕이는 생각을 바꿨다.

"우리는 저런 거 다 없어도 할 수 있었어요."

"너 내가 물은 말에 대답하지 않았어. 열쇠 어디로 던졌니?"

할아버지는 제대로 질문한 것 같아서 마음이 놓였어요.

"하지만 할아버지는 국회의원이 아니잖아요. 할아버지가 해결할 책임은 없어요."

붕붕이는 고집을 부렸어요.

"그건 바람직하지 않아."

할아버지는 마침내 자기가 무엇을 생각하고 느꼈는지 알게 되었어요.

"뭐가 바람직하지 않아요?"

붕붕이는 어떻게 대답해야 할지 알고 있었어요.

"바람직하지 않은 것은 할아버지가 믿는 대로 투표하지 않고, 엄마 말을 들은 거예요. 할아버지, 왜 아빠에게 투표했어요? 말해 보세요!"

"네 아빠도 그리 나쁘지 않아!"

할아버지는 사위를 좋아했어요.

"네 아빠는 진짜 슈퍼맨이야!"

"알아요, 나도 정말 아빠를 사랑한다고요!"

붕붕이는 할아버지가 자기 마음을 알아주지 않는다는 생각에 속상했어요.

"하지만 아빠는 지금 우리 집 국회의원이잖아요."

"네 아빠는 해야 할 일을 하고 있잖니!"

"행동하기 전에 생각하라고, 우리 할아버지가 가르쳐 주셨어요."

붕붕이는 기어이 처음 말다툼이 시작됐을 때부터 할아버지가 알아차렸어야 했던 것을 말했어요. 할아버지는 이제야 제대로 알게 되었어요.

"너를 국회의원 감시자로 지명했어야 하는 건데…."

할아버지는 한숨을 쉬었어요.

"그래서 열쇠를 어디로 던졌는데?"

하지만 더는 대화가 이어지지 않았어요. 안마당에서 생각지도 못한 일이 벌어졌거든요.

"할아버지, 우리가 또 다른 비밀 하나를 밝혀야겠어요."

붕붕이가 창문 밖을 내려다보면서 속삭이듯 말했어요.

"왜?"

할아버지도 똑같이 속삭이듯 말했어요. 또 다른 비밀 무엇인지 알 수 없었어요. 그러나 아래쪽을 내려다보고는 그 의문이 풀렸어요. 안마당에서 위급 상황이 발생했어요.

카를로 아저씨가 건물 벽에 매달려 있었어요!

"꽉 잡고 버텨!"

아빠는 방 안의 통제 센터에서 소리쳤어요.

"조금만 더 버티라고!"

안마당에서는 모든 것이 멈추었어요. 쉬지 않고 깜박이는 응급 차량의 불빛만이 시간이 멈추지 않고 흐른다는 것을 알려 주었어요. 모든 사람들이 숨조차 멈춘 것처럼 보였어요. 사람들은 카를로 아저씨를 바라보고 있었어요. 아빠의 전우였던 구조대원이 지금은 누군가 자기를 구조해 주길 기다리고 있었어요. 카를로 아저씨는 3층 창문틀을 붙잡은 채, 다리는 공중에서 이리저리 흔들리고 있었어요.

구조대원들이 아무리 아는 게 많고 경험이 많다고 해도, 안전 사다리도 균형을 잃을 수 있다는 것까지 알지는 못했어요. 안마당의 오래된 콘크리트 판이 갑자기 무너져서 사다리의 한쪽 다리가 땅바닥으로 더 깊게 들어가는 바람에, 카를로 아저씨가 옆으로 기우뚱했어요. 다행인 건 카를로 아저씨 역시 슈퍼맨이었고, 창문틀에 매달렸다는 거였어요. 나쁜 소식도 있었는데, 카를로 아저씨의 노란 헬멧이 보이는 층에는 아무도 살지 않는다는 거예요. 그 아파트 안으로 들어갈 수 있는 열쇠를 아무도 갖고 있지 않았어요. 그래서 카를로 아저씨를 창문을 통해 건물 안으로 끌어당기는 것은 불가능했어요.

    마당에 있는 모든 사람들이 다시 숨을 쉬기 시작했고, 위급 상황에 대한 해결책을 찾기 시작했어요. 붕붕이 가족의 불운은 이에 비하면 아무것도 아니었어요.

그런데 그때 요란한 소리를 내며, 대문을 지나 마당으로 희망적인 소식이 들려왔어요. 긴 사다리가 장착된 소방차였어요. 국회의원 아빠가 번개같이 그들을 불렀어요. 카를로 아저씨의 사다리가 틀어져서, 더 이상 사다리를 안전하게 설치할 수 없어요. 얼마 지나지 않아서 좋은 소식은 오히려 더 나쁜 소식이 되었어요. 오래된 건물의 좁은 통로에 소방차가 끼어 버린 거예요. 소방차는 앞으로도 뒤로도 움직일 수가 없었어요. 카를로 아저씨를 구하러 건물 안으로 들어올 수 있는 사람은 아무도 없었어요. 이웃집 고양이들만 번쩍이는 빨간 소방차 아래로 들어가서 간신히 빠져나올 수 있었어요.

"이런, 상황이 나빠 보이네."

할아버지가 작은 소리로 말했어요.

"아주 안 좋아."

모든 것이 나빠 보일 뿐만 아니라 실제로도 나빴어요. 붕붕이가 나설 때가 됐어요. 해결책이 이것뿐이라는 걸 할아버지는 이해했어요.

"너 무섭지 않니?"

할아버지가 물었어요.

"조금요."

붕붕이는 이번에는 이것을 인정하지 않을 수 없었어요.
"하지만 이 방법 말고 없잖아요, 안 그래요?"
"그런 것 같구나."
할아버지가 동의했어요. 이제 그들의 또 다른 비밀이 밝혀지게 되었어요.

같은 날 저녁, 적어도 세상 사람들 반은 붕붕이의 이웃 사람이 휴대 전화로 녹화한 카를로 아저씨 구출 장면 영상을 보았어요. 그 영상에서 붕붕이는 슈퍼맨 같았어요. 마침내 붕붕이와 할아버지의 큰 비밀이 밝혀졌어요.

할아버지는 심장을 조심해야만 했어요. 할아버지가 산에 오르는 법을 배워 등산가가 되고 싶다는 어린 시절의 꿈을 이루기로 마음먹었을 때, 의사가 심장병을 발견한 거예요. 할아버지는 은퇴해서 더 이상 책상에 앉아 일하지 않아도 되는 때가 올 때까지, 오로지 산에 오르는 꿈만 꾸었어요. 그때를 기다리며 거의 평생을 회계사로 개미처럼 일했어요. 어느 누구에게도 자기의 꿈에 대해 솔직하게 밝힌 적이 없었어요. 할아버지는 다른 사람들이 "고래, 뭐 하러?", "고래, 자네 나이에?"라고 말하는 걸 듣고 싶지 않았어요. 아직 마음은 그렇게 늙지 않았고, 겉모습만 조금 나이 들어 보일 뿐이었어요.

할아버지는 등산용품점에 가서 점원들에게 손녀딸 로티가 쓸 로프와 헬멧 등 장비를 사고 싶다고 말할 때조차 머뭇거렸어요. 그건 모두 거짓말이었어요. 할아버지는 그걸 거짓말 대신 비사실이라고 불렀어요. '사실이 아닌 것'이라는 뜻이었는데, 이 말이 거짓말만큼 나쁘게 들리지 않기 때문이라고 했어요.

등산용품 점원은 손녀가 정말로 이렇게 머리가 큰지, 왜 이렇게 큰 헬멧이 필요한지 의아해했어요. 하지만 할아버지는 이 질문에 매우 그럴 듯하게 대답했어요.

"네, 우리 손녀는 머리가 무척 크거든요! 머리에 든 게 많아서 그래요."

할아버지는 진실을 말했어요. 다만 비유적인 방식일 뿐이었어요. 할아버지는 붕붕이가 매우 똑똑하기 때문에 '머리가 크다'라고 말한 거예요.

일주일 후, 붕붕이는 머리뿐 아니라 심장도 크다는 것을 입증했어요. 가슴에서 쿵쿵 뛰는 심장이 아니라, 좋은 생각이 머무는 마음이 넓다는 말이에요.

 의사가 등산을 배우는 것마저 금지하자 할아버지는 너무 속이 상해서 아픈 사람처럼 행동하기 시작했어요. 그래서 하루 종일 잠만 자고, 아무에게도 고민을 말하지 않았어요. 할아버지는 다른 사람이 자신의 꿈을 앗아 갈 수도, 더 이상 꿈꿀 수 없다는 슬픔을 가져갈 수도 없다고 생각했어요. 그리고 사람이 어떻게 꿈 없이 살아갈 수 있는지도 이해할 수 없었어요.

 그때만 해도 붕붕이는 할아버지가 어디가 아픈 건지 몰랐지만, 할아버지가 열이 난다고 말하는 걸 들었을 뿐인데도 무엇인가를 눈치챘어요. 열을 재어 보지 않아도 알 수 있었어요. 체온계는 부엌 선반 맨 위 서랍의 녹색 상자 안에 손도 대지 않은 채 있었어요. 붕붕이는 이해할 수 없는 것들은 끝까지 밝혀내야 직성이 풀렸어요.

그렇게 붕붕이와 할아버지의 큰 비밀이 탄생했어요. 반년 만에 붕붕이는 등산 전문 자격증을 갖춘 등산가가 되었어요. 공원에 가는 척하면서, 할아버지와 손녀는 일주일에 세 번 스포츠센터에 달려가 등산 훈련을 받았어요. 할아버지는 엄마와 아빠에게 큰 비밀에 대해 여러 번 이야기하려 했어요. 하지만 붕붕이가 자격증을 딸 때까지 이야기하지 말아 달라고 할아버지에게 부탁했어요. 엄마, 아빠가 붕붕이에게 "왜 네가 등산가 자격증을 따야 하는데? 이렇게 어린데?"라고 물을 게 뻔했어요.

그렇게 해서 할아버지의 꿈은 현실이 되었어요. 물론, 실제로 등산가가 된 건 아니었어요. 그러나 세상은 사람들이 꿈을 이루길 바랄 거라고 할아버지는 생각했어요.

"그렇게 하는 게 세상을 좀 더… 밝게 만들지."

할아버지는 자기 마음을 더 잘 표현할 말을 생각해 낼 수 없었지만, 붕붕이는 다 같은 뜻이라는 걸 알았어요.

물론, 등산을 처음 배울 때는 무서웠어요. 스포츠센터의

먼지투성이 램프 옆 백 미터 높이에서 로프에 매달리는 것이 너무너무 무서웠어요. 하지만 딱 3개월 후, 붕붕이는 같은 로프에 매달려 원숭이처럼 폴짝폴짝 뛰어올랐어요. 이 말은 할아버지의 표현이었어요. 6개월 후, 붕붕이는 산에서 필요한 기술을 습득하고 모든 것을 알게 되었어요. 그렇지만 아직 붕붕이는 산악 등산가처럼 진짜 산이나 가파른 암벽에 올라가 본 적은 없었어요. 그런 일은 등산을 하는 것이 더 이상 비밀이 아닐 때에나 가능한 일이었어요.

그러나 이제 붕붕이는 카를로 아저씨를 구해야만 해요.

붕붕이는 5층 부엌 창문으로 기어 나가서, 까마득한 높이에서 등반해야 했어요. 뿐만 아니라, 이 작업을 아주 짧은 시간 안에 끝내야만 했어요. 영화에서는 창문틀에 매달려 있는 게 쉬운 일처럼 보이지만, 현실은 그렇지 않았어요. 붕붕이가 카를로 아저씨에게 안전 로프를 매어 주려고 두 개 층을 내려가고 있는 걸 혹시라도 엄마, 아빠가 발견하면, 할아버지가 뒤에서 방어벽을 치고 있는 부엌문을 순식간에 부숴 버릴 거예요. 붕붕이는 서둘러야 했어요.

처음에 엄마, 아빠는 할아버지의 큰 헬멧을 쓴 사람이 붕붕이라고는 상상도 못 했어요. 하지만 아파트 창문에서 기어 나올 몸집 작은 사람이 로티 말고는 아무도 없다는 것을 알게 된 순간 경악했어요.

다행히 모든 일이 잘 끝났어요. 붕붕이는 카를로 아저씨를 무사히 구출했는데, 뒤늦게 한참 지나서야 얼마나 무서웠는지 깨달았어요.

다음 날 아침, 붕붕이에 대한 칭찬이 라디오와 텔레비전에서 나오기 시작했지만 하나도 즐겁지 않았어요. 마치 자기가 일부러 이런 떠들썩한 사건을 만든 것 같이 느껴졌을 뿐

이었어요. 붕붕이의 가족은 이 구출 작전이 끝나고 난 후에야 붕붕이에게 더 중요한 일이 있었다는 걸 깨달았어요. 모든 일은 투표 때문에 시작되었어요. 가족끼리 집 안에서 국회의원을 뽑는 연습을 했을 때 시작된 거예요. 국회의원은 자기를 뽑아 준 사람들과 그들의 자녀들에게 중요한 일들을 해야만 하는 자리였어요.

할아버지가 로프를 내려 카를로 아저씨를 조심스럽게 땅

으로 내려 주었지만 아직 축하하기는 일렀어요. 모든 사람들이 붕붕이 가족의 구출 작전을 위해 모였는데, 소방차가 입구에서 꼼짝달싹하지 못하고 끼는 바람에 작전은 성공하지 못했어요. 아빠의 슈퍼맨 친구들이 모두 다 같이 엔진의 회전 속도를 올려서 소방차를 움직이게 해 보려고 애썼지만, 차는 꼼짝도 하지 않았어요.

그러는 동안, 작전 대장인 국회의원 아빠는 등산용 특수 안전벨트를 풀고 있는 붕붕이를 조마조마한 마음으로 바라보고 있었어요.

"큰 비밀이 다 뭐야! 등산 자격증이라고?"
아빠는 큰소리로 나무랐어요.
"네가 죽을 뻔했잖아!"
"굳이 네가 나서야 할 이유가 뭐야?"
엄마는 엄청나게 놀라고 걱정이 되었지만, 나무라는 게 아닌 것처럼 말하려고 애썼어요. 붕붕이는 진정한 영웅이었으니까요.
"이렇게 어린 애가…! 그리고 아버지…?"
"아버님은 왜 찾아? 붕붕이는 머리가 커서 스스로 생각할 수 있잖아!"

아빠가 말했어요. 붕붕이는 아빠 말을 듣고 기뻤어요.

"네, 맞아요, 내가 카를로 아저씨를 구출하러 기어 나가지 말걸 그랬나 봐요."

붕붕이는 일부러 심술궂게 말하면서 장단을 맞췄어요.

"고맙다!"

엄마는 크게 걱정하던 마음을 떨쳐 냈어요.

"고맙고말고! 아무도 네가 한 일을 할 수 없을 거야!"

"만약 붕붕이가 없었다면, 카를로를 구하지 못했겠지?"

아빠가 계속 말했어요.

사실 아빠는 화가 난 게 아니라, 붕붕이가 까마득히 높은 곳에서 가느다란 로프에 매달려 있는 것을 보고 너무 놀라고 겁을 먹은 거였어요.

"만약에 붕붕이와 아버지가 이 자리에 없었다면, 당신이 이 일을 해결하느라 아주 힘들었을 거예요."

엄마는 이 말을 하면서, 붕붕이가 아니라 아빠를 끌어안았어요.

"우리 둘은 고소공포증이 있으니까요."

붕붕이는 처음 듣는 이야기였어요. 슈퍼맨들은 약점은 감추기 마련이었어요.

"나는 이미 고소공포증을 극복했어! 할 수 있었다고!"
아빠는 차츰 진정되는 것 같았어요.
"나는… 나는 어쨌든 국회의원이잖아!"

붕붕이가 선거와 국회의원에 대하여 다시 토론을 시작하려고 입을 열자, 엄마는 유령을 보기라도 한 것처럼 비명을 질렀어요. 그런데 진짜 유령이 나타났어요! 아래층에 사는 루시 아줌마의 유령이 부엌문에 서 있었던 거예요. 진짜 루시 아줌마가 거기 있을 리가 없었어요. 아파트 문은 굳게 잠겨 있었고, 하나뿐인 열쇠는 붕붕이가 창문 밖으로 던졌으며, 아무도 문을 부수지 않았거든요.

"제가 유령이라도 돼요?"

루시 아줌마가 미소를 지었는데, 붕붕이만은 이 미소가 하나도 무섭지 않았어요.

"그런데 할아버지는 어디 있어요? 저한테 인사하시려고 콧수염이라도 다듬으시나?"

"할아버지는, 아버지는….".

엄마는 말을 조금 더듬었어요. 그래서 붕붕이가 놀란 엄마를 안아 주며 진정시켰어요.

"할아버지는 왜…?"

"그래, 아버님은 어디 있어?"

아빠가 용감하게 그 유령을 살짝 건드렸는데, 아빠의 손이 루시 아줌마의 몸을 뚫고 나가지 않았어요.

"여기엔 어떻게 들어오셨어요?"

붕붕이가 볼을 엄마의 배에 부비면서 미소 지었어요. 붕붕이는 곧바로 그녀가 유령이 아니라 진짜 루시 아줌마라는 걸 알아보았어요. 아빠가 부엌에서 방어벽을 치우기 바로 전에, 붕붕이는 신이 나서 마침내 할아버지의 질문에 대답했어요.

"내가 열쇠를 어디로 던졌냐고요? 모래 놀이터지요, 당연히."

그때부터 모든 것이 눈 깜빡할 사이에 일어났어요. 붕붕이가 큰 비밀에 대해 부모님에게 설명하고 있는 동안, 할아버지는 재빨리 루시 아줌마에게 전화를 걸었는데, 루시 아줌마는 45초 만에 고무장화를 신고 마당으로 달려 나갔어요. 구조하러 온 사람들이 모두 빨간 불자동차에 매달려 있느라, 루시 아줌마가 모래 놀이터에 들어가 있는 것을 아무도 알아차리지 못했어요. 이제 모든 일이 조용히 해결되었어요. 할아버지가 딱 한 번 물어본 올바른 질문 덕분이에요.

"나는 진짜 국회의원이 아니야."

아빠는 기어들어 가는 소리로 중얼댔어요.

"아니야, 아빠! 아빠는 아주 잘했어요! 아빠는 진짜 슈퍼맨이에요! 그리고 사다리가 삐끗하지만 않았더라면, 모든 일이 계획한 대로 잘되었을 거예요. 그건 아빠 잘못이 아니었어요. 그런데 아빠… 아빠 울어요?"

"내가? 내가 운다고!"

아빠는 뺨에 있는 눈물을 닦았지만, 그게 웃어서 나는 건지 슬퍼서 나는 건지 콕 집어 말할 수는 없었어요.

"나는 나 자신을 비웃는 거야, 국회의원이 아니라! 이제 다른 사람이 이 일을 맡을 거니까, 이제 우리는 지켜보기만 하면 돼! 머리가 없는 슈퍼맨을…! 여보, 당신은 어떻게 생각해? 누구 잘못이야? 누가 나를 선출했지? 누가 이런 걸 원했어?"

"만약에 국회의원이 해야 할 일을 하고 싶지 않다면, 그땐 그 자리를 스스로 내려놓을 수 있어."

엄마는 잘못한 것에 대해 책임을 지지 않으려고 애쓰고 있었어요.

"왜 반드시 그게 나였어야 했어?"

"당신이 아빠니까…."

엄마는 대답을 하면서도 어물쩍 넘어가려고 했어요. 그런데 그 대답은 옳은 답이 아니었어요. 엄마는 예전에 붕붕이에게 말했어요. 어떤 사람이 이미 훨씬 더 나은 일을 한다는 이유만으로 그 사람을 뽑아서는 안 된다고.

"엄마는 엄마기 할 수 있는 것을 한 거예요."

붕붕이는 엄마, 아빠 양쪽 모두를 편하게 해 주었어요.

"국회의원은 생각도 해야만 해!"

아빠가 붕붕이의 말을 가로막았어요.

"나는 생각을 하지 않았어. 나를 우리 집 국회의원직에서 파면시켜 줘!"

"여기 무슨 일 있어요?"

루시 아줌마는 자기가 유령처럼 나타나는 바람에 아주 이상한 이야기가 끝나게 되었다는 걸 알았어요.

"루시, 제 아버지에게 투표해 주실래요?"

엄마는 수학적인 사고로 번개 같이 계산을 하고 있었어요. 그것도 두 발이나 앞서서요. 하지만 엄마는 자기 말이 잘못되었다는 걸 곧바로 알아차렸어요.

"우리는 투표 연습을 하면서, 우리 집의 국회의원을 선출했어요."

"그럼 안 되겠네요. 나는 다른 집에서 왔잖아요."

루시 아줌마는 이웃사람의 이상한 아이디어에 웃음을 터뜨렸어요.

"내일 여러분 모두 투표 잘하세요!"

그 말을 남기고 루시 아줌마는 떠나갔어요.

그러고 나서 한동안은 아무도, 아무 말도 하지 않았어요. 이런 일이 있고 나서야 모든 것이 분명해졌어요.

계속 가만히 있을 수 없었어요. 아빠는 안마당으로 내려가 아직도 출입구에 끼어서 왱왱거리고 있는 소방차를 밀어내야 했어요. 그렇지만 어떻게든 이 토론도 끝내야 할 시간이었어요.

토론은 끝났어요. 할아버지가 품안에 가족 모두를 끌어안았어요.

'국회의원의 가슴으로.'

붕붕이는 마음속으로만 생각하고 소리 내어 말하지는 않았어요. 진실은 매우 낯설게 들려요.

붕붕이는 지난주에 라디오에서 들었던 흥미로운 사실을 말했어요.

"고래들이 물속에서 어떻게 의사소통하는지 아세요? 고래도 목소리를 낸대요."

붕붕이가 속삭이듯 말했어요. 마치 이것이 진짜 기적인 것처럼.

"고래들은 '우웅' 하는 소리를 낸대요. 겨우 알아차릴 수 있는 소리래요. 하지만 그게 고래들의 목소리예요. 그런데 고래가 내는 소리는 아무것도 들리지 않는 물속에서도, 수백 킬로미터 밖에서도 들을 수 있대요. 할아버지, 할아버지도 이거 알았어요?"

"우웅."

할아버지가 콧수염 아래로 고래처럼 소리를 냈어요.

"우웅."
엄마가 대답했어요.
"우웅."
아빠가 웃었어요.
"우웅."
붕붕이는 행복했어요.

소방차 타이어의 공기를 조금 빼자 소방차 높이가 조금 낮아져서 통로가 만들어졌어요. 그런 다음 엄마가 모두를 마당으로 초대하여 루시 아줌마가 만든 롤케이크와 커피와 차를 대접했어요. 루시 아줌마는 몇 초 만에 빵을 굽는 재주가 있었어요. 그것은 붕붕이의 가족이 그들을 도와준 구조대원과 모든 사람들에게 보내는 감사 인사였어요. 그날은 꽤 근사하게 마무리되었어요. 붕붕이 가족이 문이

잠긴 아파트에서 어떻게 나오게 되었는지 아무도 물어볼 생각을 하지 않아서 아빠는 한시름 놓았어요. 그리고 붕붕이는 진짜 구조대원의 노란 헬멧을 받았어요. 카를로 아저씨가 선물로 준 거예요. 그 헬멧은 할아버지가 산 헬멧만큼이나 컸어요.

그 다음 날 아침은 선거가 있던 예전의 일요일과는 전혀 다르게 시작되었어요. 엄마와 아빠는 누가 자기들의 국회의원이 되는 게 가장 좋을지 따져 보느라, 아침 일곱 시부터 인터넷을 뒤지고 있었어요. 엄마, 아빠는 할아버지와 붕붕이가 한참 전에 아침 식사를 다 한 것도 알아차리지 못하고, 거의 아홉 시가 될 때까지 옥신각신했어요. 엄마, 아빠

가 할아버지에게 조언을 구하러 부엌에 들어왔을 때, 할아버지는 이미 나가고 없었어요. 할아버지는 여덟 시 반에 비즈마 할머니와 만나기로 했어요. 비즈마 할머니가 사람들이 붐비기 전에 일찍 투표하고 싶어 했다고 했어요. 이번에는 할머니도 사람들이 많다고 언짢아하지 않았을 거예요. 투표는 모두 중요하니까요.

붕붕이가 밖에 나갈 준비를 하고 있을 때, 엄마가 조용히 방으로 들어왔어요. 이럴 땐 언제나 엄마가 뭔가 중요한 할 말이 있다는 뜻이에요. 이번에도 그랬어요.

"나는 생각이 없었어."

수학 선생님으로서 그런 이야기를 하는 건 무척 힘들었을 거예요.

"아뇨. 엄마는 생각이 있었어요!"

붕붕이는 못되게 말하지 않고 엄마를 감싸 주었어요.

"아니, 생각이 없었던 거야!"

엄마는 언짢아서가 아니라 진심으로 말했어요.

"엄마는 생각을 했어요."

붕붕이는 자기 생각을 굽히지 않았어요.

"다른 머리로 생각한 거라고요. 엄마 머리가 아니라 남의 머리로요."

"음… 그래."

엄마는 인정할 수밖에 없었어요. 왜냐하면 그 말은 기분 좋은 건 아니지만 사실인 것 같았기 때문이에요.

"그런 생각은 하지 않는 편이 더 나았을 거예요! 그러면 적어도 엄마 머리로 생각하기 시작할 수 있으니까요."

엄마는 아무 말도 하지 않았어요. 하지만 미소 짓고 있었어요.
　　"투표하러 갈 시간 다 됐네. 그렇지?"

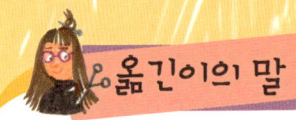

옮긴이의 말

라트비아가 어떤 나라인지 아는 친구 있나요? 『왜 투표 안 해요?』를 우리말로 옮기기 전까지, 저는 '라트비아'라는 이름을 들어 본 적이 없었어요. 그러니까 라트비아어는 전혀 알지 못했고, 영어로 옮긴 원고를 우리말로 옮겨야 했어요. 그래서 라트비아에 대해서 알고 싶어졌지요.

지리적으로 러시아와 붙어 있는 라트비아는 에스토니아, 리투아니아와 함께 발트 3국으로 불리는 유럽 국가예요. 인구는 240만 명 정도인데, 라트비아어는 사용 인구가 적어 지구상에서 곧 사라질 언어 중의 하나라고 해요. 라트비아의 역사를 보면 13세기부터 독일이나 제정 러시아의 식민지였다가 1991년, 소비에트 연방으로부터 최종적으로 독립을 했어요. 오랜 기간 동안 소련의 지배를 받은 영향으로 러시아어를 제2 공용어로 지정하기 위한 투표도 있었는데 국민 대부분이 반대표를 던졌다고 해요.

간략하지만 이런 사정을 알고 나면 이 책을 좀 더 잘 이해할 수 있겠지요? 이 책에서 놀란 점이 두 가지 있어요. 우선, 초등학교 저학년인 붕붕이 로티가 진짜 어른인 엄마와 아빠보다 생각이 어른스럽고 똑똑하다는 거였어요. 또 하나는 가족이 대화로 풀 수 있는 문제를 어린이가 너무 과격(?)하게 일을 벌인 건 아닌가 하는 생각을 했어요.(이건 절대로 어린이를 무시해서 하는 말이 아니랍니다.)

선거에 대해 올바른 생각을 갖고 있는 붕붕이는 어른들이 선거에 대해 무감각하게 반응하는 것을 깨우쳐 주려고 해요. 아파트 열쇠를 창밖으로 던져 버리고 난 후, 가족끼리 모의 투표를 하면서 선거가 왜 중요한지, 우리가 투표에 임하는 자세는 어떠해야 하는지, 그리고 국회의원은 어떤 마음가짐으로 일을 해야 하는지까지 조목조목 알려 주지요.

그래서 붕붕이에게서 다시 한 번 배웠어요. '선거는 모두에게 가장 좋은 것이 무엇인지 결정할 사람을 선택하는 것'이고, '투표를 하려면 성인이 될 때까지 기다려야 하므로, 엄마와 아빠는 자녀 몫의 투표권까지 갖고 있다'는 것을. 그리고 '다른 사람의 생각을 따르는 것이 아니라 각자 자기 머리로 생각해야 한다'는 것까지.

붕붕이와 생각이 같은 할아버지가 들려준 '선거가 나라를 완전히 반대 방향으로 180도 바꿔 놓을 수 있을 만큼 매우 중요한 시절' 이야기는 라트비아의 가슴 아픈 역사를 생각하게 해 주었어요. 가족도, 국가도 함께 살아가야 할 공동 운명체이므로, 구성원들이 열린 마음으로 항상 소통하여야만 사회가 올바른 방향으로 나아갈 수 있다는 것을 확인하게 해 주었답니다. 붕붕이 로티, 정말 고마워!

— 양진희